CLEÓPATRA

100 MINUTOS
para entender
CLEÓPATRA

astral
cultural

Copyright © 2025 Astral Cultural

Todos os direitos reservados à Astral Cultural e protegidos pela Lei 9.610, de 19.2.1998. É proibida a reprodução total ou parcial sem a expressa anuência da editora.

Editora Natália Ortega
Editora de arte Tâmizi Ribeiro
Coordenação editorial Brendha Rodrigues
Preparação de texto Maria Teresa Cruz e Esther Ferreira
Produção editorial Manu Lima e Thaís Taldivo
Ilustração capa Bruna Andrade
Revisão Alline Salles
Revisão crítica Dara Medeiros
Capa Agência MOV

Dados Internacionais de Catalogação na Publicação (CIP)
Angélica Ilacqua CRB-8/7057

C386   100 minutos para entender Cleópatra / Astral Cultural. —
São Paulo, SP : Astral Cultural, 2025.
112 p. (Coleção Saberes)

ISBN 978-65-5566-591-8

1. Rainhas - Egito – Biografia 2. Cleópatra, Rainha do Egito,
m. 30 a.C. - Biografia I. Astral Cultural II. Série

24-5482   CDD 923.1

Índices para catálogo sistemático:
1. Rainhas - Egito - Biografia

BAURU
Rua Joaquim Anacleto
Bueno 1-42
Jardim Contorno
CEP: 17047-281
Telefone: (14) 3879-3877

SÃO PAULO
Rua Augusta, 101
Sala 1812, 18° andar
Consolação
CEP: 01305-000
Telefone: (11) 3048-2900

E-mail: contato@astralcultural.com.br

SUMÁRIO

Apresentação	7
Biografia	15
Contexto histórico	57
Legado	99

APRESENTAÇÃO

"É sabido que nós, os grandes, somos responsáveis por quanto os outros fazem, e que, quando caímos, nosso nome serve para cobrir o alheio mérito. Por isso, somos dignos de piedade."

Antônio e Cleópatra, William Shakespeare

Em uma época dominada por grandes homens, se sobressai uma mulher jovem, herdeira de um império falido. Cleópatra, a última faraó de sua dinastia, causou transformações no Egito que reverberam até a atualidade. Mas o que, exatamente, a tornou um símbolo? Para alguns, uma vida atravessada por tragédias. A rainha encomendou a morte de irmãos e conviveu com ameaças e assassinatos constantes. Uniu forças para reconstruir um Egito abalado e, ainda assim, foi alvo de conspiração entre os seus aliados. Para outros, foi a mulher linda e manipuladora que conseguiu conquistar os dois homens mais poderosos do momento — o imperador Júlio César e o general Marco Antônio.

As diferentes visões decorrem, em parte, da distância temporal dos dias atuais e da época em que Cleópatra viveu (entre 69 a.C. e 30 a.C.), que fez com que as principais fontes sobre sua vida sejam biografias escritas sobre outras pessoas que tiveram contato com ela e não obras dedicadas exclusivamente a ela. Em sua maioria, quem as escreveu foram homens romanos, autores que não tinham preocupações metodológicas como as que temos hoje em dia. São fontes dotadas de agenda política — a exemplo de Plutarco, que escreveu sobre Cleópatra sob influência da biografia de César e Antônio — e frequentemente assumem como fatos o que, na verdade, são opiniões e selecionam histórias com base em relatos de fontes secundárias, tornando impossível o trabalho de checagem primária dos fatos.

A rainha do Egito foi descrita através do tempo com base em um olhar contaminado pelos interesses políticos daqueles que ousaram falar sobre ela e pela sociedade, desde a sua origem, assentada no patriarcado. Ela foi retirada do panteão de grandes líderes e reduzida a uma mera figura

Coleção Saberes

sedutora e exótica, quando, na verdade, era uma hábil estrategista e líder controladora.

O único meio de fazer a tão necessária desconstrução de preconceitos é considerar cuidadosamente a história da rainha, passo a passo, sem ser refém das preconcepções de fontes. Tal exercício é absolutamente possível, já que sua vida foi, dentro dos limites da época, bastante pública. Seu bom senso e jogo de cintura como governante e estrategista foi adquirido através da prática, acompanhando seu pai, Ptolemeu XII Aulete, nas mais diversas empreitadas desde a mais tenra idade.

Quando Cleópatra foi coroada rainha do Egito, aos dezoito, era uma líder completa e foi capaz de governar seu reino de maneira eficaz. Ela foi responsável por tomar decisões importantes, como as alianças com os romanos, que, embora narrada por uns como fruto de mera manipulação, foi uma estratégia para reerguer o império egípcio. Sobretudo, usou de sua coragem para fazer escolhas difíceis para proteger a si e seus afetos.

Alguns autores fizeram jus à sua importância, como é o caso de William Shakespeare, considerado o maior dramaturgo da história e que foi capaz de perceber a singularidade e tragicidade de sua vida. A ela, dedicou a peça *Antônio e Cleópatra*, bem-sucedida em mostrar uma versão em que ela é lida como majestosa e poderosa, mas também cheia de vulnerabilidades, passível de sentimentos como ciúme e insegurança. A obra captura uma essência imprevisível em Cleópatra, exibindo a dualidade que existia na figura da rainha estrategista e fria, bem como suas emoções absolutamente humanas diante de sua grande paixão, Marco Antônio.

Coleção Saberes

A versão de Cleópatra que apresentamos neste livro empresta a narrativa antagônica shakespeariana e a combina com o que há de concreto nos estudos sobre sua vida. Afinal, o fato é que Cleópatra, nascida e criada no Império Egípcio, viveu tudo o que a capital cultural do mundo naquela época podia proporcionar. Astuta e intelectual, era poliglota, sendo fluente em sete línguas, ao mesmo tempo que desenvolveu notável habilidade para estabelecer relações interpessoais, que, não raramente, se tornavam políticas. Ela vivenciou batalhas, exílios, fugas, financiou projetos científicos e ajudou na construção do acervo de um ícone global, a Biblioteca de Alexandria.

Seu legado transcende sua morte, trazendo sua influência para a cultura e a política, principalmente para o feminismo. A partir do século

XX, passou a ser entendida como um símbolo de poder feminino, uma reavaliação que é parte de um esforço maior para reconhecer o papel das mulheres na história, valorizar suas contribuições e desafiar as representações reducionistas que, muitas vezes, as retratam apenas em relação aos homens ao seu redor.

Por todas essas razões, registrar e referenciar a biografia de Cleópatra é fazer parte de uma remissão necessária de uma injustiça de séculos contra uma mulher que assinalou indiscutivelmente sua importância na história da humanidade.

1

BIOGRAFIA

> "Se o nariz de Cleópatra fosse menor,
> toda a face da terra seria diferente."
>
> *Pensamentos,* Blaise Pascal

Cleópatra nasceu em berço nobre, destinada a ser rainha. Em meados de 69 a.C., na cidade de Alexandria, possivelmente o maior centro cultural do mundo naquela época, vinha ao mundo Cleópatra VII Thea Filopátor, filha de Ptolomeu XII Aulete, conhecido por Aulete (tocador de flauta), governante do Egito Antigo, que vivia a dinastia Ptolemaica. Um fato que vale ser pontuado e que, de certo modo, caracteriza o apagamento de mulheres na época é a imprecisão a respeito da identidade da mãe de Cleópatra. Algumas teorias sugerem que seria uma

Coleção Saberes

prostituta com quem Ptolomeu se relacionava com frequência. Outras, indicam que sua mãe poderia ser Cleópatra V Tryphaena, irmã e esposa de Aulete.

O incesto, prática comum e legítima naquele tempo, e a repetição de nomes eram motivados pela busca de pureza na linhagem greco-macedônia e teriam se originado no norte da Grécia com o intuito de manter uma maior concentração de poder na família. Além disso, havia certa tradição de conspirações e massacres entre parentes. Com a família de Cleópatra não foi diferente, Ptolomeu XII se tornou rei após o assassinato de outro Ptolomeu. Seu reinado duraria de 80 a.C. a 58 a.C. e, embora tenha sido frequentemente ironizado por seus pares, foi um político habilidoso em um momento difícil. Tinha, de forma até mesmo trágica, a esperança de que seus filhos herdassem o Egito sem perdê-lo para Roma ou cometerem fratricídio. Acredita-se que Cleópatra VII teria um número aproximado de cinco irmãos. Conhecemos alguns deles: Cleópatra VI, Berenice IV, Arsínoe IV, Ptolomeu XIII Téo Filopátor e Ptolomeu XIV.

A construção de Alexandria

Alexandria foi fundada e construída com o melhor que a cultura grega tinha a oferecer do ponto de vista arquitetônico, institucional e cultural. Seria neste local onde Cleópatra constituiria a formação intelectual mais admirável de sua dinastia, e uma das mais impressionantes de seu tempo. Alexandria era não apenas um celeiro de pensadores, mas também um centro econômico espetacular com avenidas amplas, fontes e belos parques, assim como o lar da famosíssima Biblioteca de Alexandria, uma das

Coleção Saberes

maravilhas do mundo antigo, que integrava o Museu de Alexandria, fundado no início do século III a.C.

Com um porto grego voltado para o encontro do mar Mediterrâneo com o rio Nilo, era um ponto estratégico para o comércio e uma localização militarmente importante. Quem fundou a cidade foi Alexandre, o Grande e, em dois séculos, deixou de ser apenas um novo local planejado aos moldes helenistas para tornar-se uma referência. Isso não foi fruto do acaso, pelo contrário. Foi minuciosamente planejado. Tanto Cleópatra quanto seus antepassados foram patronos do conhecimento em maior ou menor grau. Podemos dizer que Alexandria fora a menina dos olhos dos ptolomeus e seria sempre o verdadeiro lar da futura rainha, o que a ajudaria a compreender de forma profunda as relações culturais e religiosas dentro e fora de seu país.

Uma mente perspicaz

O olhar apurado de Cleópatra para a política local se dá, para além de sua capacidade nata, por sua formação intelectual. Acredita-se que Cleópatra foi ensinada por um filósofo de nome Filóstrato, com quem teria estudado retórica e filosofia no Museu de Alexandria. Além de, possivelmente, ter sido pupila nas instalações da grande Biblioteca de Alexandria e ter recebido muitos ensinamentos na Corte.

Desde menina, foi preparada para lidar com todo tipo de problema e muito cedo teve acesso às rápidas movimentações políticas do mundo, logo percebendo que desenvolver todo o traquejo possível seria necessário para garantir seu futuro. Ela, inclusive, acompanharia de perto durante toda a juventude o governo de seu pai, testemunhando os anos de bonança bem como o período de exílio.

Coleção Saberes

O pai de Cleópatra foi exilado por volta do ano 59 a.C., período em que também se deu a ascensão de Gaius Iulius Ceasar, ou, simplesmente, Júlio César. Personagem importante na história de Cleópatra, César nasceu no ano 100 a.C. e era filho de nobres dotados de sangue e terras. Como todo aristocrata romano, teve uma educação de primeira em latim e em grego.

Era ditador absoluto desde 49 a.C. em Roma, local onde Aulete escolheu se refugiar durante o exílio. Existem evidências de que Cleópatra acompanhou seu pai em muitas viagens nesse período (58 a.C. até 55 a.C.), e que estava presente quando retornaram, com auxílio das forças romanas, ao trono egípcio. Durante o período de afastamento, quem governou o Egito foram duas das irmãs de Cleópatra. Mesmo na curta gestão, uma envenenou a outra para garantir o poder — a sobrevivente acabou sendo executada pelo próprio pai. Após o episódio, Ptolomeu XII governaria com Cleópatra ao seu lado até a morte em 51 a.C., quando ela faria seus dezoito anos e herdaria o império falido.

O reinado de Cleópatra

No momento em que Cleópatra assume o império, existia uma dívida especulada em 17, 5 milhões de dracmas, contraída por Aulete, que havia hipotecado sucessivamente partes do território egípcio em troca do auxílio romano. Diante dessa complicação, Aulete sabia que seus sucessores precisariam de consistência e apoio popular para governar, e a solução que encontrou lhe pareceu adequada aos costumes dinásticos dos ptolomeus: casou seus filhos Ptolomeu XIII, que tinha dez anos, e Cleópatra, de dezoito, em 51 a.C. Ela era mais velha e bastante esperta nas mecânicas políticas necessárias para gerir o país, enquanto seu jovem irmão lhe oferecia o apoio masculino necessário para assegurar seu poder. Mesmo com essa união, o futuro não estava nem perto de garantido.

Vale lembrar ainda que já havia tempo que os romanos tentavam conquistar de vez o Egito. A essa altura, o Egito já havia perdido os territórios da Síria, Palestina, Creta e Chipre, além de outros domínios menores. Outra questão que o pai de Cleópatra não conseguiu prever, mas que atrapalhou seus planos sucessórios, foi a influência dos tutores de seus filhos, em especial os de Ptolomeu XIII, que eventualmente o incitariam a trair Cleópatra. Fato é que a infraestrutura do governo havia se tornado corrupta e instável, sujeita a rebeliões.

O povo frequentemente passava fome, e os mercenários contratados para as guerras civis haviam virado milícias criminosas. Além disso, as enchentes do Nilo no ano de coroação (assim como no ano seguinte) foram fracas. Ocorreram secas severas, resultando em uma crise de abastecimento. Não havia, na realidade, como fazer um arranjo seguro para a dinastia.

Assim, os primeiros anos de reinado foram extremamente duros, mas Cleópatra conseguiu ser rápida em atenuar, materialmente, a crise. Ela começou algumas reformas populares necessárias, que tinham como meta ajustar a política de impostos, estabilizar a moeda e amortizar a dívida simultaneamente — tarefa impossível, mas cujo esforço em sua direção gerou bons frutos. Ela lidou com a questão da fome basicamente abrindo os celeiros reais aos famintos, algo que, mesmo não sendo o suficiente para remediar a crise, com toda certeza fez bem a sua imagem diante do povo.

Apesar de ter o grego como língua nativa, Cleópatra falava a língua egípcia publicamente, assim como cultuava os deuses do Egito. Nada era aleatório. Esses esforços eram calculados e necessários. Para os egípcios, a religiosidade era indubitavelmente uma preocupação de Estado, portanto, esse tipo de movimentação indicava perspicácia. Um exemplo do compromisso pessoal de Cleópatra ao aproximar-se do clero egípcio foi uma peregrinação de 650 km realizada pela rainha por toda a orla do Nilo em direção ao templo de Amon, no Alto Egito.

O clima e as enchentes menores do Nilo podiam não ajudar, mas, ainda assim, essas intempéries não a impediram de fazer um bom governo inicial. Além disso, as relações entre Roma e Egito, constantemente tensas, passaram a ser geridas com mais competência do que na gestão de seu antecessor.

Tensões internas e externas

Além das questões políticas e religiosas, havia ainda uma grande tensão entre ela e o irmão-marido, que era um verdadeiro calcanhar de Aquiles para seu reinado. Ptolomeu era bem mais novo e, de fato, foi anulado por Cleópatra, que o tratava menos como um corregente do que seria esperado por seus opositores mais ferrenhos. Isso, aliado à influência de alguns conselheiros de Ptolomeu, que tinham suas próprias agendas, escalaria em uma série de conflitos sérios entre eles, com consequências graves para todos os envolvidos.

Coleção Saberes

Três anos após a coroação de Ptolomeu XIII, ele finalmente articula uma insurgência contra a rainha Cleópatra, que havia emitido um documento que a nomeava governante exclusiva do Egito. Durante essa disputa, os trabalhos anteriores de Cleópatra na direção de uma melhora na região se mostraram fontes de valiosos apoios para sua causa. Ainda assim, seu irmão tinha uma forte aliança que fornecia a ele a vantagem militar. A situação saiu de controle e virou uma guerra civil.

O conflito resvalou na política romana, que vivia um conflito civil entre as forças do Primeiro Triunvirato, composto por Marco Licínio Crasso, Júlio César e Pompeu. Durante uma guerra interna em 49 a.C., Cleópatra e Ptolomeu XIII haviam emprestado tropas para Pompeu com a intenção de abater parte da dívida com a República, construindo uma relação de apoio. Cleópatra havia acabado de perder uma batalha e foi forçada a fugir da capital. Simultaneamente, na Grécia, Pompeu foi derrotado pelas tropas de Júlio César, e Marco Antônio, e buscou refúgio entre seus aliados no Egito. Mas, para sua surpresa, foi pego em uma emboscada e assassinado a mando de Ptolomeu, que encomendara sua morte por orientação de conselheiros com o objetivo de agradar os novos poderes de Roma. A cabeça de Pompeu foi cortada e embalsamada para ser entregue a Júlio César, que logo chegou ao Egito em perseguição a Pompeu — ser recebido pelos egípcios com a cabeça de um cidadão romano como presente não o agradou.

A viagem também tinha como objetivo a cobrança de uma dívida ao tesouro romano que estava atrasada desde o reinado do pai de Cleópatra. No entanto, com o Egito enfrentando uma guerra civil, havia dificuldade no pagamento de uma grande dívida. Caberia a César intervir.

Após o assassinato brutal de seu inimigo, e visto que o Egito era um Estado importante no abastecimento de alimentos para a República, ele começou a atuar para a pacificação do território.

Depois de convocar Cleópatra, então exilada, de volta ao palácio, Júlio César resolveu que moderaria a crise egípcia tentando reconciliar os irmãos. Sempre foi sabido que o casamento entre os irmãos da dinastia ptolomaica era meramente político. Eles viviam em guerra e eram, efetivamente, inimigos. Para a surpresa de César, encontrou governando o Egito um adolescente sanguinário e desatento às sutilezas e deveres de um líder helenista, enquanto estava exilada uma jovem e competente mulher, dotada da mais refinada das educações e capacidade evidente de liderança. César pareceu logo ter entendido onde estaria sua afiliação. Ele, que era considerado o homem mais poderoso do mundo antigo, não tardou a se aproximar de Cleópatra.

Entre o poder e a paixão

Frequentemente, a sensualidade de Cleópatra é utilizada como razão pela qual atraía personalidades como César ou, posteriormente, Marco Antônio. No entanto, as principais razões para o magnetismo de Cleópatra eram o seu poder e sua oratória. Além disso, era considerada uma das figuras mais cultas entre as lideranças da época, e poderia representar uma aliança extremamente vantajosa. Diferentemente do que autores como Plutarco afirmam, César não era um salvador romano manipulado pela exótica rainha (segundo o imaginário imperialista romano), mas um general sedento por recursos financeiros para custear sua ascensão ao poder.

Ptolomeu, ou melhor, seus conselheiros, eram negociadores mais difíceis que Cleópatra, e César já estava certo disso. No entanto, o romano levou consigo apenas 3.200 homens de infantaria, 800 de cavalaria e uma pequena frota de barcos de guerra.

Quando a negociação moderada por César chegou ao fim, Ptolomeu e seus conselheiros apelaram à espada e César estabeleceu-se em Alexandria, transformando o palácio real em seu quartel-general. Os egípcios tinham, de fato, um exército consideravelmente maior do que o romano. Além disso, também maturavam um sentimento anti-romano decorrente não apenas dos diversos avanços imperialistas (incluído os de César) nos últimos anos, mas também de um episódio em que parte da biblioteca de Alexandria fora incendiada pelas tropas de César durante um conflito.

Mesmo com essas questões em jogo, Ptolomeu e seus aliados foram derrotados e mortos pela máquina de guerra romana, que, por sua vez, aguentou todos os cercos e batalhas. Os vitoriosos César e Cleópatra, apaixonados, navegaram juntos pelo Nilo em comemoração. O caso entre os dois seria breve, mas geraria um filho: Cesarião. A resolução encontrada foi legalista e Cleópatra casou-se com seu outro irmão. César retornou para Roma em 47 a.C., antes do nascimento de seu filho. Agora, caberia a Cleópatra reconstruir seu império, em especial Alexandria.

Os anos seguintes ao conflito civil foram realmente de construções e reparos. Obras importantes datam desse período, como o Ginásio, o Farol da Ilha de Faros, o Cesareu e a tumba da rainha ao lado do templo de Ísis. Suas relações políticas também demandaram reajustes, em especial em Roma. Com o passar do tempo, sua união informal com César se mostrou ameaçadora para romanos poderosos. É bem verdade que Cleópatra sempre fora temida. Mesmo o culto à deusa Ísis fora suprimido por sua associação direta à rainha do Egito. César era, também, uma figura ameaçadora em Roma. Um tirano que concentrava poder.

Embora os romanos e os egípcios tenham coexistido, a experiência da República era muito distinta daquela dos faraós. Temiam que César, além de líder, quisesse tornar-se monarca. Existem registros das visitas de Cleópatra e Cesarião à Roma durante os anos de seu relacionamento com César, como em 46 a.C., quando foram ela e seu segundo irmão (e marido) Ptolomeu XIV. É sabido também que Cleópatra estava lá em visita, junto com Cesarião, quando César foi brutalmente assassinado pelo senado romano em 44 a.C.

A morte de César foi seguida de caos. Cleópatra estava em risco, sim, mas seu relacionamento com o romano era informal. De todo modo, tratava-se da rainha do Egito, então tinha inimigos e aliados se articulando em Roma. Ela demoraria cerca de um mês para retornar ao lar.

Em seu testamento, César doou cerca de 150 milhões de moedas aos cidadãos romanos, em conjunto aos jardins de Trastevere, que foram transferidos para o domínio público. César também adotou Otaviano que, ao se tornar filho de César, herdou toda a sua clientela — dezenas de milhares

Coleção Saberes

de cidadãos de famílias conhecidas e soldados que estavam associados a César como patrono/cliente. Dessa maneira, Otaviano tornou-se o herdeiro legal do legado de César e entrou na cena política de Roma. Por fim, César nunca reconheceu Cesarião como seu filho, tampouco deixou-lhe qualquer natureza de herança.

Cleópatra passaria os anos seguintes investindo em novas construções e patrocinando as artes e a filosofia em seu reino. Como era uma rainha helenista por excelência, fez questão de lotar seus domínios com filósofos, cientistas e artistas de todo o mundo. Copiaria e traduziria praticamente qualquer volume que passasse por Alexandria.

Mesmo com períodos de secas eventuais, uma gestão competente da economia local fez com que o Egito ptolomaico crescesse e levantasse caixa (utilizado, também, para financiar campanhas romanas aliadas), ao mesmo tempo que alimentava seus famintos. A sua sucessão aparentemente estava assegurada, visto que seu segundo marido/irmão morrera aos quinze anos sob condições suspeitas. Foi durante esses anos de relativo sossego que ela reencontrou um antigo aliado, o qual conhecera antes de tornar-se rainha e que se tornaria o amor de sua vida.

Cleópatra e Marco Antônio

O romance entre Marco Antônio e Cleópatra é um dos mais famosos da história. No entanto, é justo dizer que a percepção geral acerca desse encontro seja a mais contaminada por narrativas ficcionais posteriores, em especial a peça *Marco Antônio e Cleópatra*, de William Shakespeare. Essa repetição

Coleção Saberes

da história, por sua vez, foi influenciada profundamente pelas fontes romanas e seus vieses. É difícil, de fato, debater a vida íntima de uma figura histórica. Ainda assim, nesse caso, existem evidências suficientes para fundamentar que esse encontro não seria motivado apenas por poder, mas por genuína admiração e afeto entre os dois. Esse casamento foi caracterizado por uma forte união, que gerou três filhos e ajudou a definir o futuro do Egito.

Nascido em berço nobre no dia 14 de janeiro de 83 a.C., Marco Antônio era filho de uma prima de César, Júlia dos Césares, e Marco Antônio Crético. Conhecido como o braço direito de César, o general e estadista viveu uma juventude inusitada. Sua criação, ao menos de início, era a típica de um aristocrata helenista. A educação formal de Antônio fora interrompida, entretanto, quando começou a entrar em contato com os prazeres da vida. Ao lado de dois amigos próximos, experimentou todo tipo de vício e, a partir desse ponto, seria para sempre um hedonista, de comportamento lascivo e temperamento selvagem. Não tardou para que, antes dos vinte anos, tivesse acumulado uma dívida impagável por seus gastos excessivos em jogos e banquetes. Para escapar das dívidas, acabou fugindo de Roma.

Sua fuga dos credores o levou à Grécia, onde passou a estudar oratória e a fazer preparação militar. Não demorou para ser notado pelo general romano Aulo Gabínio, importante aliado de Pompeu no período final da República e militar de grande influência, responsável por levar o jovem Marco Antônio para o Oriente. Seria durante as expedições à Síria que o rapaz demonstraria sua genialidade como comandante de cavalaria, o que, posterior-

Coleção Saberes

mente, o levaria a se envolver pela primeira vez com a dinastia ptolomaica.

Marco Antônio estava no Egito quando os romanos auxiliaram o pai de Cleópatra a retomar seu reinado durante o seu exílio. A primeira impressão que ela teve de seu futuro companheiro foi a de um guerreiro heroico que salvou seu pai e lhes devolveu o trono. A intervenção militar no Egito por Gabínio para recolocar Aulete no trono começou um novo capítulo nas relações entre Roma e Egito, que passaram a ser relações militares, além de apenas políticas e econômicas, como antes.

Em 54 a.C., Marco Antônio seria convocado para lutar na Gália ao lado de César. Lá ganharia imensa popularidade, especialmente entre os soldados. Ao contrário de outros oficiais, ele era, além de brilhante, um sujeito afeito ao consumo de

100 minutos para entender Cleópatra

bebida e às festas. Durante o serviço militar, teria se casado com Antônia Híbrida Menor, união que gerou sua primeira filha, Antônia Prima.

Ainda que César desaprovasse os modos de vida de Antônio, reconhecia-o como merecedor de respeito e confiança. Por essa razão, insistiu para que ele entrasse na política, apoiando-o em sua candidatura para Tribuno. O investimento valeria a pena, pois passou a ter um defensor ferrenho de suas iniciativas. O partido dos populares logo passaria a ser hostilizado, ao ponto de Marco Antônio fugir após ser expulso de uma sessão do senado — o que se tornaria pretexto para a marcha de César sobre Roma, e logo em seguida desencadearia uma guerra civil.

Quando César deixou Roma, o responsável por governar a cidade em seu nome foi Marco Antônio.

Segundo Plutarco, ele executou a tarefa sem qualquer seriedade. Ainda assim, governaria Roma o suficiente para que fosse possível fornecer todos os suprimentos necessários para as tropas de César. Sairia de Roma apenas para a derradeira batalha contra Pompeu, na Grécia, na qual tiveram uma vitória lendária mesmo em evidente desvantagem.

Desta época, data o próximo casamento de Antônio, recém-divorciado, com a extremamente bem articulada, Fúlvia. Embora exonerado do governo de Roma, César manteria Marco Antônio em seu círculo íntimo até sua morte em 44 a.C. Na ocasião do funeral de César, Marco Antônio incitou a opinião pública contra os conspiradores, buscando expulsá-los de Roma. Junto a ele, o herdeiro de César, Otaviano. Nascia um plano para vingar sua morte.

Entretanto, Marco Antônio e Otaviano logo se tornariam rivais e continuariam assim até o fim de suas vidas. De cara, discordaram sobre como seguir com o testamento de César, o que levou a um embate que resultou na fuga de Marco Antônio para a Gália, onde teria suas tropas derrotadas. Desse conflito, surgiu uma trégua que se desenvolveria no Segundo Triunvirato, essencialmente dividindo o controle da república entre Marco Antônio, Otaviano e Lépido.

Com o desafeto entre o herdeiro e o principal general do finado César, ajustes diplomáticos tiveram de ser feitos. Entre esses ajustes estava que Marco Antônio deveria se casar com Otávia, irmã de Otaviano; assim como os três dividiram entre si o comando militar dos exércitos e das províncias da República: de início, Antônio recebeu a Gália, Lépido a Hispânia e Otaviano a África, enquanto o governo do território italiano foi dividido entre eles. Cada um dos três teria que ceder um aliado para ser assassinado por um dos outros. Em seguida perseguiram e puniram os principais responsáveis pela conspiração contra César, assim como desafetos e opositores em geral (um terço do senado foi expurgado). Eventualmente conseguiram a cabeça de seus inimigos e selaram poder total sobre Roma.

Durante o período de guerra civil que se instalou enquanto a perseguição dos conspiradores ocorria — antes da vitória do Segundo Triunvirato —, tanto eles quanto os opositores buscaram apoio do Egito, mas foram os aliados de César que receberam o apoio da rainha. Essa decisão pode parecer consequência de sua união com César, mas era fruto de aguçada noção de contexto que Cleópatra possuía. Ela sabia da importância de aliar-se com o lado vencedor e o quanto o Egito seria útil na vitória. Mesmo durante os conflitos, fontes indicam que a rainha teria atuado como comandante de sua frota de navios. Com a vitória, os acordos são reajustados e Marco Antônio fica como supervisor do Egito, estabelecendo-se por lá com Cleópatra.

Não sabemos, de fato, quando Marco Antônio e Cleópatra iniciaram seu relacionamento, mas especula-se que teria sido durante o período do Triunvirato, mesmo antes do final da guerra civil. No entanto, não se tratava de uma união secreta, visto que Antônio era companheiro da rainha e pai de seus gêmeos mesmo antes de se casar com Otávia. Ele seguiria ao lado de Cleópatra por toda a vida, além de ter com ela uma terceira criança.

Também sabemos que Otaviano desaprovava profundamente essa relação. Quando Antônio

Coleção Saberes

mudou-se para o Egito, Otaviano iniciou uma campanha contra ele e Cleópatra. Plutarco, principal fonte que temos sobre a vida tanto de Marco Antônio quanto de Cleópatra, é um politicamente favorável à visão do futuro imperador, assim conta-nos uma história na qual essa união entre o general romano e a rainha do Egito era imoral, corrupta em natureza e o levaria à sua derrocada. Plutarco, em sua biografia de Marco Antônio, coloca da seguinte forma:

"Sendo então Antônio de tal natureza, o último e o maior de todos os seus males, foi o amor de Cleópatra, o qual veio despertar e excitar vários vícios que ainda se encontravam ocultos nele, e até então não se haviam manifestado: e se algum vestígio de bem havia ficado e alguma esperança de renovação, ela o destruiu totalmente, e deturpou-o ainda mais do que antes."

Podemos afirmar que a propaganda e as articulações de Otaviano em Roma funcionaram, diminuindo gradualmente o apoio ao distante Marco Antônio.

O fim da dinastia Ptolemaica

Tudo que sabemos sobre a vida íntima de Cleópatra e Marco Antônio é fruto de rumores e fofocas entre seus contemporâneos. Muito do que Plutarco escreveu foi com base em história que ouviu de parentes que conviviam ou conheciam correspondentes na Corte alexandrina.

É bastante provável que tenhamos, portanto, uma versão muito exagerada ou até mesmo falsa de elementos famosos da vida do casal, ainda assim podemos assumir que não sejam apenas invenções sem origem. É possível que tivessem uma vida de

Coleção Saberes

excessos, com banquetes e orgias homéricas, até mesmo porque estes eventos eram, relativamente, comuns no mundo helenista.

Também sabemos que eles se comportavam como divindades, algo que era verdade para Cleópatra, pois ela se denominava como a "nova deusa Ísis", e nada estranho para um homem poderoso como Marco Antônio (Otaviano, inclusive, adotaria postura similar no futuro, divinizando a figura do Imperador).

Mas não podemos levar como certas algumas das extravagâncias descritas pelos autores romanos, mesmo porque muitas delas são realmente improváveis. Eles são retratados como bebedores, apostadores e aventureiros. Saíam para caçar juntos, hábito comum nas Cortes helenas, mas malvisto para mulheres pelas fontes romanas.

Assim como no caso da aliança com César, a influência de Marco Antônio e seus exércitos faziam dele um par interessante para Cleópatra, mas existe bastante diferença na forma com a qual as fontes tratam dessas relações, deixando explícito o inegável afeto que permeou a segunda delas. As decisões e interesses de Antônio e Cleópatra estavam alinhados e fundamentados também por uma união singularmente amorosa.

Partindo desse ponto de vista, os próximos passos tomados por esse casal de líderes fazem sentido, mesmo tendo em vista seu desastroso fim — afinal, conhecemos a versão da história contada pelos olhos dos vitoriosos. Plutarco faz parecer que viviam apenas de jogos e festas; contrapondo-os à figura comedida e politicamente dedicada de Otaviano. Isso é irreal, pois eles eram um casal

Coleção Saberes

extremamente ativo na política, Cleópatra em termos de governança e Antônio militarmente.

Otaviano era um político por excelência e ambicionava o controle total de Roma. Além disso, acumulava conquistas militares enquanto aguardava uma oportunidade para derrubar seus principais opositores. Marco Antônio, na contrapartida, começou a perder batalhas e prestígio. A primeira derrota foi contra a Pártia, em 36 a.C., ocasião na qual ele perdera cerca de 30 mil homens. Em seguida, falhou em conquistar a Armênia. Essas derrotas enfraqueciam também o Egito, visto que se tratavam de empreendimentos conjuntos.

Ainda que Cleópatra estivesse forte em seus domínios, Otaviano manchava sua reputação no senado e com o povo de Roma, apelando ao antigo desejo romano de conquistar a região. Para uma nova guerra ocorrer, bastava um estopim. Este viria logo, quando Antônio separou-se de Otávia para casar-se com Cleópatra.

Após a união, chegou às mãos de Otaviano um testamento de Marco Antônio em que ele, supostamente, teria nomeado Cesarião "Rei dos Reis", reconhecendo o filho de Cleópatra com César como legítimo. Embora pudesse ter sido forjado, o documento também dizia que os filhos que teve com a rainha do Egito seriam nomeados governadores de lugares como a Síria e a Ásia menor de forma completamente irregular.

Segundo Otaviano, ele estaria deixando uma porção consideravelmente grande de Roma para Cleópatra e sua dinastia. Esse testamento foi usado como pretexto para que ele rompesse o Segundo Triunvirato em 33 a.C. Otaviano foi bem-sucedido em envenenar a imagem de seus inimigos diante do senado e do povo de Roma e conseguiu, assim, despojar Antônio do seu cargo de cônsul, facilitando a declaração de guerra contra Cleópatra e o Egito — totalmente ciente que Antônio ficaria ao lado da rainha —, começando, enfim, mais uma guerra.

Cleópatra e Antônio passaram a viajar com suas tropas, primeiro para o Éfeso, onde passaram o inverno e em seguida rumaram para a ilha de Samos, na Grécia. A próxima parada foi em Ácio, na porção mais ao norte do território grego. Esse foi o prelúdio da guerra, que durou de 33 a.C. até setembro de 31 a.C., quando ocorreria a famosa Batalha de Ácio. Essa batalha é famosa tanto por ter sido uma vitória importante para Otaviano e marcar o início do fim dos ptolomeus, quanto por servir nos anos seguintes como propaganda em favor de Otaviano em sua ascensão ao poder em Roma.

Cleópatra, de volta ao Egito, estava ciente de que pouco poderia fazer diante da força militar romana, tampouco Marco Antônio, que estava desmoralizado pelas recentes derrotas. Entretanto, é incorreto presumir que ambos ficaram prostrados; como Plutarco descreve, pois os dois conseguiriam articular algum apoio extra. Foi só no ano seguinte à batalha de Ácio que as tropas de Otaviano chegaram aos arredores de Alexandria. Ainda que Antônio tenha inicialmente obtido uma última vitória em batalha, logo seus destacamentos começaram a diminuir. Muitas deserções ocorreram e ele passou a batalhar com um exército condenado. Sua derrocada, entretanto, não viria pelas mãos de Otaviano, mas pelas suas próprias, após ouvir um rumor de que Cleópatra havia morrido. Acredita-se que ele deu seus últimos suspiros nos braços de sua esposa, que, na verdade, estava viva, mas não chegou a tempo de salvá-lo.

Otaviano, sabendo da morte de Antônio, optou por propor um acordo compulsório assim que ele e suas tropas entraram em Alexandria. A rainha do Egito estava ciente de sua derrota, então solicitou um período para colocar seus assuntos em ordem. Ela acabou não cedendo ao acordo proposto e, para evitar que fosse exibida como um troféu por Otaviano, acabou tirando sua própria vida.

Em sua narrativa da vida de Antônio, Plutarco diz: *"Cleópatra morreu na idade de 38 anos, depois de ter reinado 22 e de ter governado, com Antônio, mais de catorze."*. Algumas fontes históricas divergem, apontando que ela poderia ter morrido aos 39 anos, dependendo da interpretação das datas de seu nascimento e morte (69 a.C. - 30 a.C.). Também há divergência como a forma que ela morreu: algumas fontes afirmam que ela se deixou ser picada por uma serpente egípcia, outras apontam que Cleópatra, por conhecer diferentes substâncias tóxicas, teria ingerido um coquetel de veneno. O fato é que, até que seu corpo seja encontrado — ninguém até hoje conseguiu localizar sua tumba —, sua morte segue sendo um mistério, assim como muitos aspectos de sua vida.

Conforme seus desejos, ela e seu companheiro foram sepultados juntos. Em seguida, Otaviano ordenou a execução de Cesarião. As crianças que Cleópatra teve com Antônio — Ptolomeu, Cleópatra Selene II e Alexandre — foram levadas para Roma e criadas por Otávia, a ex-esposa de Marco Antônio.

"

2

CONTEXTO HISTÓRICO

> "Oh! Que seu erro te haja transformado num miserável, ainda que não sejas o que és seguramente. Vai-te embora. Os gêneros romanos que trouxeste são caros por demais; fica com eles; e que por eles venhas a arruinar-te."
>
> *Antônio e Cleópatra*, William Shakespeare

Em dado momento da história romana, em razão da gradual conquista das nações helenistas orientais, o culto da deusa egípcia Ísis foi proibido. A razão para isso, entretanto, não estava em uma ortodoxia religiosa, mas no fato de que Cleópatra era considerada uma divindade ligada a essa deusa nos seus domínios, tornando-a uma divindade menor até mesmo entre os romanos. Uma divindade que controlava uma das mais ricas regiões do mundo, cobiçadíssima pelas outras potências dos arredores.

Esse aspecto da história serve para percebermos o quanto a vida de Cleópatra é costurada na intrincada trama política do mundo de seu tempo. Nascida e criada em um contexto de disputa violenta pelo poder, fosse de seus inimigos externos ou através da sanguinária dinâmica de sua dinastia, é impossível entendermos efetivamente qual a sua importância sem observarmos cuidadosamente as condições históricas e sociais do mundo em que vivia.

O Egito Antigo

Para nos debruçarmos sobre o contexto em que Cleópatra vivia, vamos começar colocando em perspectiva a temporalidade do que conhecemos por "Egito Antigo": o reinado de Cleópatra VII está mais próximo da chegada dos seres humanos na lua do que da construção das pirâmides de Gizé.

Quando Otaviano toma os poderes de Roma e funda o Império Romano (alguns anos após a morte de Cleópatra), os anos de esplendor do famoso Império Egípcio já haviam há muito passado.

A confusão gerada diante dessa linha do tempo, no entanto, tem diferentes raízes. Embora o termo Egito Antigo esteja formalmente correto, costuma abranger um espaço excessivamente longo de tempo — seriam quase tão antigo quanto os sumérios —, o que faz com que a compreensão de sua história política seja dificultada por limitações linguísticas.

A Pedra de Roseta, por exemplo, só foi decifrada em meados de 1822, antes disso os hieróglifos eram intraduzíveis até para os habitantes da região.

Coleção Saberes

Outra questão que colabora com uma visão deturpada desse período é a influência eurocêntrica e, muitas vezes, preconceituosa de quem narra sua história. Essa perspectiva é comumente reforçada pelo cinema e pela televisão, ao ponto de conhecermos primeiro uma versão ficcional, incorreta e estereotipada. Essas questões culminaram em uma percepção reducionista que foi, com o tempo, transformando uma história realmente complexa e multifacetada em um mero retrato homogêneo e mitológico de todo um povo, relegando-o à condição de exótico.

O Egito tornou-se não uma civilização, mas um misterioso conjunto de imaginários nos quais múmias se transformaram em monstros e pirâmides foram atribuídas a alienígenas. Tudo parece coexistir em um passado imaterial, e esse não é o caso. Foram também vítimas disso — associado a vieses machistas nas principais fontes — Cleópatra e seu legado, sempre retratados de maneira distorcida. Por essa razão, estudar com seriedade sobre a história do Egito é um processo constante de desmistificação.

O primeiro passo para nos desvincularmos dessa perspectiva é reconhecer que os avanços culturais produzidos ali em todas as áreas do conhecimento humano, fosse nas artes, ciência, tecnologia, religião ou linguagem, influenciaram profundamente outras culturas antigas, assim como as posteriores, como a greco-romana.

O nome "Egito", inclusive, deriva do grego "Aegyptos", uma adaptação do antigo "Hwt-Ka--Ptah" (Mansão do Espírito de Ptah), originalmente associado à cidade de Mênfis. Esta cidade, que foi a

Coleção Saberes

primeira capital do Egito, tornou-se um renomado centro religioso e comercial, a ponto da versão grega de seu nome ser usada para referir-se a todo o país.

Os antigos egípcios chamavam sua terra de "Kemet", que significa "Terra Negra", em referência ao solo fértil ao longo do rio Nilo, e mais tarde o país passou a ser conhecido como "Misr", nome que os egípcios ainda usam atualmente.

O mundo greco-romano é bem mais recente e consideravelmente mais bem documentado do que o Egito Antigo. Evidências arqueológicas indicam uma próspera civilização agrícola na região por volta de 8000 a.C. (a depender da fonte). Muitos acreditam que os primeiros assentamentos surgiram ainda antes de 6000 a.C., quando pequenos vilarejos começaram a se formar ao longo das margens do rio Nilo. Durante este que chamamos de "Período

Pré-Dinástico" (*c.* 6000 - *c.* 3150 a.C.), a crença em alguns dos diversos deuses que integrariam o panteão já estava profundamente enraizada na cultura e na organização desses povos, até mesmo com mitos de criação, como o do deus Atum, que trouxe à existência todas as coisas a partir do caos. Vale destacar que o mero fato de termos acesso até hoje a uma parte desses mitos é, por si só, espetacular.

Os primeiros egípcios

Antes de falarmos desses primeiros povoamentos, é essencial nos atentarmos à geografia da região, pois, nas palavras do importante historiador grego Heródoto, "O Egito é a dádiva do Nilo". Situado no canto nordeste da África, hoje em dia, é um país pequeno se comparado com o imenso continente do qual faz parte. Atualmente,compreende as terras em ambos os lados da parte inferior do rio Nilo, da cidade de Assuã até o Mar Mediterrâneo, localizado no canto nordeste mais distante da África e conectado por terra com a Península do Sinai, as terras da Palestina e da Síria, e, finalmente, com a Mesopotâmia.

A natureza dividiu esse país em duas partes diferentes: os estreitos trechos de terra fértil que se aproximam do rio de Assuã até a região do Cairo moderno — que chamamos de "Alto Egito" ou "Sa'íd" — e o amplo triângulo, formado ao longo de milênios pelos sedimentos depositados pelo rio que deságua no Mediterrâneo. Isso chamamos de "Baixo Egito" ou o "Delta".

No curso da história, uma série de cidades surgiram ao longo do Alto Nilo e de seus afluentes no Delta, sendo as mais importantes na antiguidade Mênfis, no norte, e Tebas, no sul.

O Alto Egito começa em Mênfis, com suas grandes pirâmides e cemitérios do Antigo Reino em Gizé. Subindo o rio, passamos por uma depressão fértil a oeste do Nilo, que é inundada por um braço do rio. Mais ao sul, após uma curva acentuada, chegamos a Tebas, com as maiores ruínas de todo o Alto Egito. São de lá os templos de Amon (na margem leste) e as famosas tumbas de rocha, na margem oeste.

A terra fértil, como se sabe, era chamada "terra negra" em oposição à "terra vermelha", da areia avermelhada dos desertos que a cercam. O solo negro é resultado de um fenômeno natural chave para a região: a inundação sazonal do rio. Em decorrência das fortes chuvas ao sul do Egito,

Coleção Saberes

o rio transborda no verão e cobre os campos de ambos os lados com lama fértil rica, crucial para a vida na região.

Desde a antiguidade, o Egito era famoso por sua produção abundante de grãos e de vinho (dos quais os poderosos romanos viriam a depender profundamente muitos anos no futuro).

Logo no começo do processo de povoamento, as margens do Nilo foram divididas em pequenas cidades-estados, conhecidas como "nomos". Os primeiros egípcios souberam aproveitar as enchentes periódicas do rio para obter água e tornar a terra propícia à prática da agricultura.

Essa capacidade técnica e agrícola fortaleceu o crescimento e prosperidade dos nomos, que tinham autonomia política e religiosa (cada cidade tinha seu próprio deus e governo). Esses "nomos" se uniriam em dois blocos maiores: o Reino do Alto Egito (mais ao sul) e o Reino do Baixo Egito, no norte.

Esses dois primeiros povos de estrutura tribal que se desenvolveram nas margens do Nilo eventualmente se encontraram, e essa ocasião seria um ponto de virada na história da região. Acredita-se que esse encontro se deu devido à migração das pequenas sociedades agrícolas vindas do Saara, muito antes de sua desertificação.

Por volta de 3100 a.C., um rei vindo do sul, que mais tarde seria denominado faraó, teria unido esses dois reinos e iniciado a longa e rica história do Egito unificado. O nome desse governante do Alto Egito era Menés (ou Narmer) e sua conquista marca o começo do período dinástico.

Muitos historiadores, entretanto, apontam que não existem evidências que sustentem essa

Coleção Saberes

unificação por parte de um único líder, mas que a centralização do poder teria sido gradual. Os dados são imprecisos no que diz respeito a quando e como isso aconteceu, mas acredita-se que foi neste momento que os variados deuses dos "nomos" formaram o Grande Panteão Egípcio.

O Período Dinástico

O Período Dinástico tem início a partir dessa unificação que reorganiza a linha do tempo da historiografia do Egito. Essas são as divisões de tudo que aconteceu antes do nascimento do primeiro membro da dinastia de Cleópatra: Época Tinita ou Protodinástico (3200-2665 a.C.), Antigo Império (2664-2155 a.C.), Primeiro Período Intermediário (2154-2052 a.C.), Médio Império (2052-1786 a.C.), Segundo Período Intermediário ou Médio-Império (1785-1554 a.C.), Novo Império (1554-1075 a.C.). É necessário ressaltar que cada um desses períodos contou com distintas realizações, tanto sociais quanto de poder, com particularidades o suficiente para ocuparmos toda uma biblioteca.

Para efeito de contexto: Cleópatra e os seus só viriam quase um milênio após a queda do Novo Império. Mas, ainda assim, vale a pena resumir brevemente algumas dessas singularidades para podermos ter um escopo mais informado desse histórico: o Antigo Império, frequentemente chamado de "Era das Pirâmides", destaca-se pelas monumentais construções, como as pirâmides de Gizé.

Durante esse período, o poder e a riqueza dos faraós aumentaram significativamente, o que pode ser atestado nas tumbas elaboradas e estruturas

Coleção Saberes

monumentais de culto mortuário, bem como o desenvolvimento da técnica de mumificação.

A queda do Antigo Reino deu início ao Primeiro Período Intermediário, caracterizado por um governo central enfraquecido e controle regional fragmentado.

Após esta fase de instabilidade, surgiu o Reino Médio, quando o país foi reunificado e viveu um renascimento cultural e literário.

No Segundo Período Intermediário, o Egito enfrentou a dominação no norte do país, após o colapso do governo. Este período de fragmentação terminou com a expulsão dos invasores e o início do Novo Reino, uma era de expansão para o Egito.

Os faraós do Novo Reino, como o famosíssimo Tutancâmon, construíram monumentos tais quais o Vale dos Reis, e estabeleceram amplas conexões diplomáticas e comerciais, tornando o reino um centro multicultural.

O Novo Império foi novamente um tempo de descentralização e fraqueza do governo central. A partir daí, o país foi frequentemente controlado por potências estrangeiras, como os núbios, os persas e os assírios.

O enfraquecimento presenciado após a queda do Novo Império e o período dinástico tardio, eventualmente culminariam na série de eventos que fariam com que uma dinastia estrangeira tomasse o poder.

Cleópatra e sua dinastia não encontram suas origens nos povos das margens do Nilo. Na verdade, eram gregos-macedônios que chegaram ao poder no Egito como consequência dos movimentos de um jovem, mas prodigioso, conquistador.

Afinal, em 332 a.C., Alexandre, o Grande, conquistou o Egito, incorporando-o ao Império Macedônio.

A influência greco-romana no Egito

Para entendermos o contexto político-social de Cleópatra, sendo ela a última rainha do Egito e uma das últimas grandes figuras ligadas ao termo "Helenismo" — ao lado do contemporâneo Herodes, o Grande, último rei helenista. Devemos compreender que *helenos* são os gregos antigos e *helenismo* é o nome dado ao processo de expansão política e difusão cultural da Grécia Antiga. Esse termo descreve também um período histórico que vai do ano da morte de Alexandre, o Grande, 323 a.C., até meados de 31 a.C., quando Otaviano derrota Cleópatra e Marco Antônio.

Em 336 a.C., Alexandre torna-se rei da Macedônia após o assassinato de seu pai, Filipe II. Apenas três anos depois vence Dario III, rei da Pérsia, e avança pela costa da Síria e Fenícia. Em 332 a.C., Alexandre conquista o Egito, fundando a cidade de Alexandria no delta do Nilo, futuro lar de Cleópatra. No ano seguinte, derrota Dario III novamente e conquista Babilônia, Susa e Persépolis, em seguida inicia a conquista das regiões do nordeste do Império Persa. Alexandre só pararia suas conquistas ao morrer em 323 a.C.

Mesmo tendo morrido tão jovem, as mudanças que proporcionou ao mundo em geral foram profundas o bastante para se consolidarem nos anos que viriam. Isso se deve quase exclusivamente à forma que deu as suas conquistas. Afinal, embora fosse, para os gregos, um suserano macedônio, ele tinha como agenda política pessoal levar tudo que era grego para os limites do mundo conhecido.

A meta era helenizar o mundo via cultura, comércio e armas.

Fez com que o grego se tornasse uma língua internacional, que comerciantes e políticos do mundo inteiro usavam para tratar de seus assuntos. Mesmo o Egito, eventualmente, teria grego como sua língua da Corte.

No entanto, Alexandre foi pioneiro no sentido de inaugurar um comportamento de tolerância com as culturas nativas, enquanto encorajava a cultura dos helenos, dando a tônica do sincretismo característico, em especial, do oriente helenizado. Nas palavras de Bertrand Russell em *A História do Pensamento Ocidental*:

...a civilização grega se espalhou pela Ásia. Por toda parte o grego passou a ser o idioma das pessoas educadas e rapidamente foi adotado como língua comum nas atividades comerciais [...] por volta de 200 a.C., falava-se grego desde as colunas de Hércules até o Ganges [...] assim, a ciência, a filosofia e sobretudo a arte dos gregos começaram a se relacionar com as velhas civilizações do Oriente. Moedas, vasos, vestígios da arquitetura e da escultura e, em menor escala, influências literárias dão testemunho dessa invasão cultural. Do mesmo modo, o Oriente exerceu uma nova influência sobre o Ocidente.

Coleção Saberes

Ainda que fosse um exímio conquistador, devido à sua morte precoce não conseguiu estruturar alicerces dinásticos suficientes para o império se manter. Não tardou para que o domínio macedônio entrasse em decadência devido a conflitos externos e internos.

O vácuo deixado pelo Império Macedônico foi logo ocupado por uma poderosíssima República emergente, originada na península itálica e muito mais capacitada em gerir um império em expansão, mas igualmente afeita aos modos de vida, cultura e até mesmo panteão dos helenos: Roma.

Foi durante a República romana, portanto, que o helenismo atingiu seu grau máximo, gozando das virtudes administrativas de Roma, autonomia local para outras culturas e sincretismo cultural e religioso. Durante o período romano do helenismo, as culturas diversas que se mesclavam ao longo do vasto território o haviam tornado, com o cuidado de não fazer anacronismos, globalizado. Novamente, citamos Russell:

...culturalmente, Roma é quase inteiramente devedora. Na arte, na arquitetura, na literatura e na filosofia, o mundo romano imita, com maior ou menor sucesso, os grandes exemplos da Grécia. Contudo, há uma esfera na qual os romanos tiveram êxito, na qual a Grécia e até mesmo Alexandre haviam falhado. Trata-se da esfera do governo, da lei e da administração em larga escala. Nisso, Roma exerceu alguma influência sobre o pensamento grego.

A infraestrutura grega seguiu como base, assim como a língua que unia as muitas partes romanas. O grande diferencial de Roma foi a natureza de como geria seus assuntos, de maneira menos burocrática nos territórios conquistados. Por essa razão, nações como a Judeia ou mesmo o Egito (agora sob domínio da Dinastia Ptolomaica) conseguiam manter notável autonomia, embora estivessem inevitavelmente atrelados, agora, aos jogos de poder de Roma, uma nação de conquistadores hostis e políticos natos. Seria esse o principal entrave por séculos para os governantes helenistas como Cleópatra.

Uma nova cidade é fundada

Quando o rei da Macedônia chegou ao Egito, ao contrário do que se possa imaginar, foi recebido com imensa alegria pela população local. A questão é que fazia dez anos que os egípcios estavam sob o opressivo domínio dos persas. Então, sem encontrar muita resistência, Alexandre se conectou com as antigas dinastias da região, assim como grupos religiosos (chegaram a proclamá-lo "Soberano do Mundo e Filho de Amon").

Em meados de 331 a.C., ele funda Alexandria, uma nova cidade na costa do mediterrâneo, em encontro com o Nilo, definindo um porto estratégico que seria construído aos moldes arquitetônicos e culturais da Grécia. Uma cidade helenista por excelência, onde seria construída a famosa maravilha do mundo antigo: a Biblioteca de Alexandria. Posteriormente, Alexandria desempenharia o papel de capital do Egito.

Coleção Saberes

A dinastia a qual Cleópatra pertencia, e que durou cerca de trezentos anos, chegou ao império do Nilo como consequência direta da conquista de Alexandre. Não é estranho, portanto, escolher como centro de poder de seu reinado uma cidade essencialmente grega e de nome Alexandria.

O Egito teve muitas capitais, normalmente mudando junto com o eixo de poder. A primeira foi Mênfis e a segunda, durante o Novo Império, foi Tebas, que seguiria sendo um importante centro cultural e religioso. Os ptolomeus, os romanos e, por fim, os bizantinos mantiveram Alexandria como a sede por cerca de um milênio. Entretanto, em 641 d.C., foi transferida para Fustat, após a conquista dos muçulmanos. Ficaria lá até sua destruição em 1169, durante as Cruzadas, quando foi transferida para o Cairo, onde permanece desde então.

Mesmo que o contato inicial entre Alexandre e os egípcios tenha sido positivo, após sua morte as relações ficaram mais complicadas. Seu império, sem herdeiros designados, foi dividido entre seus três generais mais importantes, que o recortaram em três partes independentes.

O império europeu (que durou cem anos), o reino selêucida (que desmoronou e foi conquistado parte por Roma e parte pelo Império Parta) e o Egito, que ficou para os ptolomeus (a mais bem-sucedida entre as três).

Ptolomeu Sóter (ou Ptolomeu I) era um aliado próximo e parente distante de Alexandre. É difícil afirmar que o sucesso dessa dinastia seja devido a apenas um fator, mas seguramente a escolha de território por parte dele foi acertada. Vale destacar que, durante o período ptolomaico, o Egito expandiu domínio sobre regiões como a Líbia, Palestina e Grécia, e o intercâmbio cultural, migratório e econômico da região se intensificou, assim como a miscigenação desses povos. Nas ruas de todo o Egito, seria difícil distinguir um grego de um egípcio.

Mas, se o desenvolvimento local e a multiculturalidade fazem parecer que essa dinastia era tranquila, trata-se de uma ilusão. Suas dinâmicas de Corte, em especial, parecem até ficcionais (um análogo contemporâneo seriam os ficcionais Targaryens de *Guerra dos Tronos*).

Eles seriam lembrados pela busca constante da pureza dinástica greco-macedônia, atitude que culminou na preferência por casamentos incestuosos, que resultariam em disputas sangrentas entre parentes próximos e guerras civis. Sem exagero, irmãos mataram irmãos, filhos mataram pais e mães mataram filhos. Outra particularidade é a escolha dos nomes: para os meninos Ptolomeu e para as meninas Cleópatra, Berenice ou Arsínoe.

Como visto anteriormente, Cleópatra acabou casando-se com seus irmãos, e, ao que tudo indica, eles tentaram matá-la. O primeiro irmão acabou sendo morto por Júlio César, já o segundo, há rumores de que ela mesma o tenha matado, o que confirmaria essas tendências.

Do ponto de vista da governança, ainda que eles declarassem ser governantes em iguais partes gregos e egípcios, tratava-se de um estratagema. Era um governo absolutamente helenista. A religiosidade, no entanto, seria, sim, explorada extensivamente pelos ptolomeus, que logo seriam categorizados como verdadeiros deuses egípcios. Vale lembrar que o Egito era uma teocracia. O faraó

Coleção Saberes

é senhor de tudo; sendo assim, tudo que ele ama é justiça e tudo que ele detesta é o mal.

Durante o governo dos ptolomeus posteriores, Roma ganhou mais e mais poder sobre o Egito, e acabou por ser declarado guardião da dinastia ptolemaica. O pai de Cleópatra pagou caro aos romanos para garantir o seu trono, deixando para ela um Egito bastante fragilizado.

Um mistério em Alexandria

A Biblioteca de Alexandria é uma das mais impressionantes realizações do mundo antigo, mas sua história é envolta em mistério, desde a fundação até sua destruição. Afinal, nosso conhecimento sobre a verdadeira biblioteca é fragmentado, com poucas fontes primárias, e a maioria delas repetindo outras fontes, agora perdidas. De todo modo, a ideia de que houve uma biblioteca verdadeiramente universal, onde todo o conhecimento do mundo estaria armazenado, segue profundamente instigante.

Bibliotecas e arquivos eram conhecidos por muitas civilizações antigas no Egito, Mesopotâmia, Síria, Ásia Menor e Grécia. Mas as primeiras instituições desse tipo tinham um caráter local e regional, preocupadas principalmente com a conservação de suas próprias tradições e patrimônio — nada parecido com a pretensão universalista dessa dinastia helenista.

Aulete, pai de Cleópatra, provavelmente já imaginava Alexandria como um centro de aprendizado e cultura desde sua fundação. A biblioteca foi, provavelmente, estabelecida sob o reinado de Ptolomeu II, no terceiro século a.C. À medida que a biblioteca crescia, também crescia a reputação de Alexandria como uma cidade de acadêmicos e estudiosos, um centro espetacular com avenidas, amplas fontes e belos parques, além da biblioteca e do museu, conhecido como a casa das musas.

Os primeiros membros da dinastia eram obstinados ao ponto de confiscar todos os livros novos que chegavam na cidade, mandar copiar e devolver uma das cópias aos donos e/ou autores. Os diligentes trabalhadores das bibliotecas também traduziam para o grego o máximo possível de textos. Além disso, muitos trabalhos importantes vieram de estudiosos que adquiriram grande prestígio social.

Embora suas origens sejam anteriores ao reinado de Cleópatra, durante seu governo, a biblioteca experimentou uma expansão significativa. A rainha, fluente em idiomas como egípcio, grego e latim, tinha uma profunda apreciação pela literatura e pelas atividades intelectuais. Por essa razão, não é de estranhar que tenha se colocado no papel de patrona da cultura. Cleópatra, de fato, era reconhecida por seus extensos esforços para adquirir manuscritos de várias regiões do mundo. Ela enviava agentes para localizar e garantir textos raros, seja por meio de compras, presentes ou negociações diplomáticas. Também apoiava ativamente estudiosos, filósofos e escritores, convidando-os para sua Corte e financiando estudos e projetos.

Ao menos três grandes incêndios — um deles acidentalmente causado por César — aconteceram na biblioteca. É, portanto, impossível saber quantos volumes estavam contidos lá, mas estima-se que ela chegou a abrigar entre trinta mil e setecentos mil volumes.

Após a batalha, vitória romana

A história de Cleópatra está intimamente ligada a Roma. Isso ocorre tanto pela presença constante e material do povo latino nas proximidades do Egito, quanto por esse ser o léxico mais familiar ao leitor ocidental, além de fornecer as mais ricas fontes históricas.

No entanto, para que a história de Roma cruzasse com a história egípcia, muitos eventos precisaram acontecer — como a ascensão dos dois companheiros de Cleópatra, Júlio César e Marco Antônio, ao poder. Por isso, é essencial entender os conflitos vividos em território romano antes dessas grandes figuras passarem a comandá-lo.

Os fatores que levaram Júlio César ao poder em Roma se deram bem antes do nascimento do imperador. Em 133 a.C., Roma enfrentou uma crise interna quando Tibério Graco, tribuno e líder popular, propôs uma espécie de reforma agrária que limitava a posse de terras pelos patrícios, oligarcas da elite romana. Esse projeto foi o pontapé para que os opositores de Tibério, que se tornavam mais numerosos a cada dia, acabassem assassinando-o. Esse fato deu início ao período conhecido como Crise da República, originando um embate que teve forte influência na tomada de poder de César décadas depois.

O embate em questão era entre conservadores, os optimates, liderados por Lucio Cornélio Sila, e os populares, com Caio Mário à frente. O cenário de tensão desencadeou a Primeira Guerra Civil Romana, que levou à vitória dos conservadores em 82 a.C. No mesmo ano Sila, um estadista sanguinário e autoritário, assumiu o poder em Roma.

César, sobrinho de Caio Mário, cresceu no contexto das guerras civis e da ditadura de Sila. Por volta de 83 a.C., casou-se com Cornélia, a filha dé um grande inimigo de Sila, fato que o forçou a se exilar.

Com a morte de Sila em 78 a.C., ele retornou a Roma, mas foi exilado novamente por acusar antigos aliados de Sila de corrupção. A partir desse episódio, só haveria uma forma de César retomar posição e prestígio — pela glória da guerra. Então, no ano 74 a. C., César envolveu-se em campanhas militares, destacando-se após combater Mitrídates, o rei do Ponto, e ganhando o título de "pontífice".

Ao retornar a Roma, aliou-se a outras duas figuras notáveis, Cneu Pompeu Magno e Marco Licínio Crasso. Ao longo dos anos, César ascendeu na política como questor, edil e, por fim, pretor, conquistando um exército próprio. Então, chegamos em um cenário de conflito entre três gigantes que, com atributos diferentes, traziam cor às acirradas disputas de poder em Roma.

Júlio César era habilidoso, jovem, ambicioso e, naquele momento, precisava de uma espécie de referendo do poder econômico e militar para chegar ao poder. Pompeu era um general admirado pelo povo por suas conquistas no mediterrâneo, mas que não gozava de simpatia do alto poder romano. Crasso era um sujeito de renome e terras que queria entrar de vez na política. Por volta de 59-60 a.C., talento político, dinheiro e brilhantismo militar se uniram e fundaram o chamado Primeiro Triunvirato.

Um fato curioso é que a primeira grande campanha do Triunvirato foi contra o Poderoso Império Parta, um povo persa cujo império ocupava parte do Oriente Médio. Por volta de 53 a.C., Crasso,

Coleção Saberes

então chefe da região da Síria e não muito conhecido por suas habilidades militares, decidiu fazer uma investida inconsequente que culminou não apenas em sua morte, mas também na morte de quase 50 mil homens do exército romano. O ocorrido deu origem à expressão "erro Crasso", muito usada para se referir a erros grosseiros e/ou estúpidos, e é marcado como uma das maiores derrotas romanas.

Inicialmente, a formação do Triunvirato mobilizou inúmeras legiões romanas a jurar lealdade a César, que nesse momento já acumulava conquistas. Esse ganho de poder desencadeou problemas com Pompeu, que estava em Roma enquanto César estava em campanha. Esse conflito que, de novo, colocou de um lado os populares, liderados por Júlio César, e de outro o senado romano, liderado por Pompeu, não foi uma mera briga de aliados, mas o principal motivador para a Segunda Guerra Civil Romana. O resultado, já sabemos: César, com a ajuda de Marco Antônio (que viria a ser membro do Segundo Triunvirato), atropelou todos em seu caminho. Após a batalha de Farsália, onde confrontou Pompeu, se tornou uma figura lendária e essencial para o entendimento da história ocidental.

O vitorioso César se estabeleceu como ditador da República Romana, tornando-se o chefe máximo da região, o cônsul, procônsul e o tribuno definitivo. No entanto, como costuma ser o caso com tiranos, César foi ficando cada vez mais obsessivo com o poder, pouco a pouco virando um ditador paranoico. Dentro do esvaziado senado romano, começa então uma conspiração para assassiná-lo. Em uma sessão tensa do senado, no dia 15 de março de 44 a.C., Júlio César foi atacado e esfaqueado 23 vezes.

Otaviano, que foi nomeado como herdeiro legítimo por César, tinha sede de vingança pela morte do tio-avô e se aliou a Marco Antônio e Marco Emilio Lépido — dois comandantes leais a Júlio César — marcando o início do Segundo Triunvirato, em 43 a.C.

O Segundo Triunvirato era composto por três homens com um objetivo em comum: vingar a morte de César. Esse trio tinha respaldo da assembleia do povo e perseguiu muitos dos conspiradores, conseguindo ter o poder constitucional dividido entre os três. Atingido o objetivo, logo ficaram claras as diferenças entre Otaviano e Marco Antônio. Lépido acabou por se distanciar da política romana e não quis se meter na briga, então não foi executado.

O Segundo Triunvirato acaba em 33 a.C. Cleópatra e Marco Antônio tiveram três filhos juntos e essa aliança provocou a ira de Roma. Marco Antônio e Otaviano causaram uma nova guerra civil pelo controle de Roma, conflito que se encerraria na famosa Batalha de Áccio, vencida por Otaviano e que teve como desdobramento a morte de Marco Antônio, e pouco tempo depois a de Cleópatra. Acredita-se que Cesarião, filho de Cleópatra e César, tenha tentado fugir, mas acabou sendo executado.

A partir desse ponto o governo do Egito seria efetivamente romano. Sem ninguém em seu caminho, alguns anos após a queda de Cleópatra e de seu principal rival, Otaviano se declararia o primeiro cidadão de Roma: *Princeps Civitatis*. Otaviano, que se tornou Augusto ao alcançar o poder de Roma, foi o responsável por pontuar o final de um período conturbado de guerras internas e o fim do império egípcio.

3

LEGADO

> "E, pelo meu escudo... Melhorou, mas ainda falta muito. Charmian, vê como assentam bem nesse Hércules romano os surtos de uma grande cólera."
>
> *Antônio e Cleópatra*, William Shakespeare

No imaginário do Ocidente, fortemente influenciado pelas narrativas romanas, Cleópatra foi retratada sempre como bela e sedutora. Além de conhecida por esses fatores, também era referenciada como ambiciosa, temível: outros adjetivos direcionados a mulheres que marcaram a história. A forma que é caracterizada até hoje é transpassada pela perspectiva de seus relacionamentos. Para poetas como Propércio (47-14 a.C.) e Horácio (65-8 a.C.),

Cleópatra era a "rainha prostituta" ou um "monstro fatal". Escritores romanos mais moderados a descreviam como uma líder calculista, que usava a sua beleza para seduzir homens poderosos em busca de manter-se no poder.

Em contrapartida, textos gregos e árabes, posteriores aos romanos, trouxeram um pouco mais de justiça à imagem da faraó. Nesses, a figura da rainha renasce como estudiosa e culta, engajada em filosofia, medicina e literatura, como de fato foi.

Em seu reinado, Cleópatra fez questão de aprender a língua egípcia para falar com seus súditos, algo considerado incomum e que comprova como era uma líder progressista e interessada em seu povo. Graças a sua inteligência, foi capaz de driblar a fome do Egito, enquanto outros domínios próximos morriam de fome. Cleópatra não só respeitou como ajudou a promover a antiga cultura egípcia e os deuses tradicionais de seu povo que estavam sendo apagados devido ao domínio macedônio.

Foi visionária e trabalhou no enriquecimento da Biblioteca de Alexandria. Foi patrona de artistas e filósofos que contribuíram para a cultura como um todo. Sabemos que ela investiu durante toda a vida verdadeiras fortunas no intuito de disseminar conhecimento, e não havia um livro a que tivesse acesso que não buscasse fazer uma cópia e catalogar na legendária biblioteca.

Cleópatra, inclusive, não era somente financiadora desses avanços culturais e científicos. Ela também participava ativamente da produção científica da época, tendo sido pioneira em experimentos químicos na área de toxicologia e escrito sobre temas como ginecologia e alquimia. Muito do que

Coleção Saberes

foi documentado pelos gregos e árabes reforçava a ideia de que ela foi uma cientista brilhante. Mas seus talentos, como foi possível perceber, não se restringiam às ciências. Cleópatra também foi uma política sublime. Seus feitos e atuação nos altos escalões da política no período em que viveu tornaram-se objeto de interesse pelos séculos que se seguiram. A rainha desafiou bravamente as normas sociais impostas e foi uma faraó vitoriosa em garantir a soberania egípcia por bons anos.

Mesmo hoje em dia, Cleópatra continua a ser personagem de destaque na cultura popular e na arte, amplamente representada e reinterpretada. Assim, ela transcendeu seu papel histórico como governante do Egito, estendendo-se para a esfera da ficção. Tornou-se um ícone, em parte sujeito e em parte imaginação, quase uma semideusa, como teria sido para seus súditos egípcios. Também se tornou, por fim, origem de importantes debates, seja sobre os vieses com os quais a história foi contada, ou a respeito de quais serão os vieses futuros.

Ser objeto de discussões dentro e fora da academia parece caber bem a uma entidade política da magnitude de Cleópatra, que ressurge cada vez mais redimida diante do público.

Bibliografia

BURBANK, Jane; COOPER, Frederick. **Impérios - Uma nova visão da História universal.**

Filosofia Helenista, Estoicos, Epicuristas, Cínicos e Céticos. Ed. Salvat.

JOHNSON, Paul. **História do Cristianismo Vol.1.**

PLUTARCO. **Alexandre o Grande.**

PLUTARCO. **Vidas.**

PROSE, Francine. **Cleópatra - Seu Mito, Sua História.**

ROBERTS, J. M. **O Livro de Ouro da História do Mundo.**

RUSSELL, Bertrand. **História do Pensamento Ocidental.**

SHAKESPEARE, William. **Antônio e Cleópatra.**

SUETÔNIO; PLUTARCO. **Vidas de César.**

BURBANK, Jane; COOPER, Frederick. **Impérios - Uma nova visão da História universal.**

Vídeos, Podcasts e Séries:

BBC NEWS BRASIL. **Os mistérios da vida, morte e aparência de Cleópatra**. Disponível em: https://www.youtube.com/watch?v=JTZj8QK-Bcw. Acesso em: 18 out. 2024.

HISTÓRIA, F. NA. **Cleópatra: A História da Rainha do Egito (Completa) - Grandes Personalidades da História**. Disponível em: https://www.youtube.com/watch?v=JmkNc-v7BBTc. Acesso em: 18 out. 2024.

NATIONAL GEOGRAPHIC. **Cleopatra's lost tomb (full episode) | lost treasures of Egypt**. Disponível em: https://www.youtube.com/watch?v=9G69n11o3z8. Acesso em: 18 out. 2024.

NOW, B. T. **The entire history of Egypt | ancient civilizations documentary**. Disponível em: https://www.youtube.com/watch?v=CskfvgEItPA. Acesso em: 18 out. 2024.

Roma, Título original: Rome, Série de TV, 2005-2007.

TED-ED. **History vs. Cleopatra - Alex gendler**. Disponível em: https://www.youtube.com/watch?v=Y6EhRwn4zkc. Acesso em: 18 out. 2024.

Artigos e Websites:

A infância de Cleópatra: conheça a verdadeira história. Disponível em: https://www.clubemis.com.br/a-infancia-de-cleopatra-conheca-a-verdadeira-historia/. Acesso em: 18 out. 2024.

BLAKEMORE, E. **O que (não) sabemos sobre Cleópatra.** Disponível em: https://www.nationalgeographic.pt/historia/quem-foi-cleopatra-egipto_3784. Acesso em: 18 out. 2024.

CARNEIRO, R. **Nova biografia pinta Cleópatra de feminista e amplia polêmica sobre rainha.** Disponível em: https://veja.abril.com.br/cultura/nova-biografia-pinta-cleopatra-de-feminista-e-amplia-polemica-sobre-rainha. Acesso em: 18 out. 2024.

Cleópatra, a lenda da última rainha do Egipto. Disponível em: https://www.nationalgeographic.pt/historia/cleopatra-a-lenda-da-ultima-rainha-do-egipto_1720. Acesso em: 18 out. 2024.

Cleópatra negra: "cor de sua pele não tinha importância no Antigo Egito". Disponível em: https://projetocolabora.com.br/ods5/cleopatra-negra-cor-de-sua-pele-nao-tinha-importancia-no-antigo-egito/. Acesso em: 18 out. 2024.

Cleópatra: Tudo sobre a rainha que desafiou o Império.

Disponível em: https://br.memphistours.com/Egito/Guia-de--Viagem/Atracoes-em-Alexandria/wiki/cleopatra. Acesso em: 18 out. 2024.

Filme "embranquecerá" Cleópatra? Como era uma das mulheres mais poderosas da história. **BBC**, 15 out. 2020.

GERAL, H. **Cleópatra (3): O envolvimento com Marco Antônio e a morte de Cleópatra**. Disponível em: https://educacao.uol.com.br/disciplinas/historia/cleopatra-3-o-envolvimento-com-marco-antonio-e-a-morte-de-cleopatra.htm. Acesso em: 18 out. 2024.

GILL, N. S. **Timeline of major events in the life of Cleopatra**. Disponível em: https://www.thoughtco.com/timeline-major-events-life-of-cleopatra-117789. Acesso em: 18 out. 2024.

HISTÓRIA, A. NA. **Manobras de poder, amantes e morte intrigante: A trajetória de Cleópatra, última rainha do Egito**. Disponível em: https://aventurasnahistoria.com.br/noticias/reportagem/manobras-de-poder-amantes-e-morte-intrigante-trajetoria-de-cleopatra-ultima-rainha-do-egito.phtml. Acesso em: 18 out. 2024.

JANSEN, R. **Cleópatra, do Egito, era negra ou branca?**

Cientistas comentam polêmica da Netflix e curiosidades. Disponível em: https://www.terra.com.br/byte/ciencia/cleopatra-do-egito-era-negra-ou-branca-cientistas-comentam-polemica-da-netflix-e-curiosidades,92eff8e900e99c8efcbd4c30eb7c9713kvil7d27.html. Acesso em: 18 out. 2024.

JASIŃSKI, J. **Caesar's testament**. Disponível em: https://imperiumromanum.pl/en/curiosities/caesars-testament/. Acesso em: 18 out. 2024.

MARK, J. J. M Antônio. **Enciclopédia da História Mundial**. Disponível em: https://www.worldhistory.org/trans/pt/1-10057/marco-antonio/#google_vignette. Acesso em: 18 out. 2024.

MARK, J. J. Batalha de Ácio. **Enciclopédia da História Mundial**, 2019. Disponível em: https://www.worldhistory.org/trans/pt/1-10408/batalha-de-acio/. Acesso em: 18 out. 2024.

Morte de Cleópatra, a última rainha do Egito. Disponível em: https://ensinarhistoria.com.br/linha-do-tempo/morte-de-cleopatra-a-ultima-rainha-egipcia/. Acesso em: 18 out. 2024.

POWELL, K. **Cleopatra's family tree**. Disponível em: https://www.thoughtco.com/queen-cleopatras-family-tree-4083409. Acesso em: 18 out. 2024.

SCHIFF, S. **Rehabilitating Cleopatra**. Disponível em:

https://www.smithsonianmag.com/history/rehabilitating-cleo-patra-70613486/. Acesso em: 18 out. 2024.

SHOHAT, E. Des-orientar Cleópatra: um tropo moderno da identidade. **Cadernos Pagu**, n. 23, p. 11–54, 2004. Disponível em: https://www.scielo.br/j/cpa/a/RWvVn8vqksyF8FDcVx-p7WRc/. Acesso em: 18 out. 2024.

SUPER. **Mulheres que mudaram a história: Cleópatra 7a**. Disponível em: https://super.abril.com.br/mundo-estranho/mulheres-que-marcaram-a-historia-cleopatra-7a. Acesso em: 18 out. 2024.

THE EDITORS OF ENCYCLOPEDIA BRITANNICA. **Cleopatra Timeline**, 23 set. 2020. (Nota técnica). Disponível em: https://www.britannica.com/summary/Cleopatra-Timeline. Acesso em: 18 out. 2024.

The Timeline of the Life of Cleopatra. Disponível em: https://www.sjsu.edu/faculty/watkins/cleopatra.htm. Acesso em: 18 out. 2024.

TYLDESLEY, Joyce. **Cleopatra**. Disponível em: https://www.britannica.com/biography/Cleopatra-queen-of-Egypt. Acesso em: 18 out. 2024.

Primeira edição (fevereiro/2025)
Papel de miolo Luxcream 80g
Tipografia Colaborate, Cheddar Gothic Sans e Visby
Gráfica Melting